BEI GRIN MACHT SICH IHR WISSEN BEZAHLT

AF130990

- Wir veröffentlichen Ihre Hausarbeit, Bachelor- und Masterarbeit

- Ihr eigenes eBook und Buch - weltweit in allen wichtigen Shops

- Verdienen Sie an jedem Verkauf

Jetzt bei www.GRIN.com hochladen und kostenlos publizieren

Falk Ußler

Aus der Reihe: e-fellows.net stipendiaten-wissen

e-fellows.net (Hrsg.)

Band 1158

Smart Home. Wirtschaftliche Potenziale und Herausforderungen

GRIN Verlag

Bibliografische Information der Deutschen Nationalbibliothek:

Die Deutsche Bibliothek verzeichnet diese Publikation in der Deutschen National-
bibliografie; detaillierte bibliografische Daten sind im Internet über http://dnb.d-
nb.de/ abrufbar.

Impressum:

Copyright © 2014 GRIN Verlag GmbH
Druck und Bindung: Books on Demand GmbH, Norderstedt Germany
ISBN: 978-3-656-93051-8

Dieses Buch bei GRIN:

http://www.grin.com/de/e-book/294870/smart-home-wirtschaftliche-potenziale-
und-herausforderungen

GRIN - Your knowledge has value

Der GRIN Verlag publiziert seit 1998 wissenschaftliche Arbeiten von Studenten, Hochschullehrern und anderen Akademikern als eBook und gedrucktes Buch. Die Verlagswebsite www.grin.com ist die ideale Plattform zur Veröffentlichung von Hausarbeiten, Abschlussarbeiten, wissenschaftlichen Aufsätzen, Dissertationen und Fachbüchern.

Besuchen Sie uns im Internet:

http://www.grin.com/

http://www.facebook.com/grincom

http://www.twitter.com/grin_com

Smart Home – wirtschaftliche Potenziale und Herausforderungen

Seminararbeit

am Fachgebiet Wirtschaftsinformatik für Dienstleistungen,

Fakultät für Wirtschaftswissenschaften und Medien,

Technische Universität Ilmenau

vorgelegt von: Herrn Falk Ußler

Abgabetermin: 12.12.2014

Inhaltsverzeichnis

Abbildungsverzeichnis

Tabellenverzeichnis

Abkürzungsverzeichnis

EU	Europäische Union
HAN	Home Area Network
IoT	Internet of Things
IP	Internet Protokoll
LON	Local Operating Network
oJ	ohne Jahr
oV	ohne Verfasser
SH	Smart Home
z.B.	zum Beispiel

1   Einleitung

1.1   Problemstellung und Zielsetzung

Für viele Menschen entwickelt sich die eigene Wohnung zum Lebensmittelpunkt, womit auch steigende Anforderungen und Ansprüche an die Wohnqualität verbunden sind (Heinze 2013, S 8). Daneben verlangen Verbraucher höhere Sicherheit, geringere Kosten für Stromverbrauch und Gesundheitsfürsorge sowie größeren Komfort im Alltag (O'Malley und Munoz 2014, S. 9). Diese Ansprüche bedeuten marktwirtschaftliche Chancen. Jüngste Innovationen in der Sensortechnik, bei Analysewerkzeugen und Touch-Screens, aber auch die steigende Vernetzung von Objekten ermöglichen die Entwicklung neuartiger Lösungen im Bereich der intelligenten Wohnung (Smart Home), um diese Chancen nutzen zu können (O'Malley und Munoz 2014, S. 9).

Der Begriff des Smart Home (SH) ist kein neuer und steht schon länger im Licht der Öffentlichkeit (Hendricks 2014). Zahlreiche Studien prognostizieren aber erst in den letzten Jahren ein starkes Wachstum des SH-Marktes (Bhas 2012, S. 4; O'Malley und Munoz 2014, S. 6; Taga et al. 2012, S. 22). So erwarten Research&Markets bspw. bis zum Jahr 2020 einen Anstieg des europäischen SH-Marktwertes auf 13,81 Milliarden Dollar mit einer zweistelligen jährlichen Wachstumsrate (oV 2013). Allerdings wird auch festgestellt, dass dazu die Verbreitung von SH-Lösungen über das Premium-Kundensegment hinaus in die Massenmärkte forciert werden muss (Deloitte 2013, S. 4). Es stellt sich daher die Frage, welche Schwierigkeiten diese Entwicklung aufhalten.

Während es eine Fülle von wissenschaftlicher Literatur zu verwandten Themen, wie dem Smart Grid, gibt, wird SH nicht im selben Maße wissenschaftlich untersucht (Balta-Ozkan et al. 2014, S. 65). Forschungsarbeiten analysieren SH bisher mehrheitlich aus einer technologischen Perspektive (Pynnönen und Immonen 2012, S. 241), aber sozio-organisationale oder ökonomische Betrachtungen sind selten (Solaimani et al. 2013, S. 9). Mittlerweile existieren eine große Zahl von SH-Produkten (Sietmann 2014, S. 136) und Beschreibungen einiger spezieller SH-Geschäftsmodelle. Eine umfassende systematische Darstellung von Dienstleistungsmöglichkeiten im SH-Bereich ist jedoch nicht verfügbar (Balta-Ozkan et al. 2014, S. 65).

Daraus resultieren folgende Forschungsfragen für diese Arbeit: Welche Dienstleistungspotenziale ergeben sich durch Smart Home und was sind aktuelle Herausforderungen, die der Entwicklung von SH zu einem Massenmarkt noch entgegenstehen?

1.2 Methodik und Aufbau der Arbeit

Zur Zielerreichung wurde das Vorgehen der Reviewanalyse nach FETTKE (2006) gewählt. Literatur zu Smart Home allgemein ist ausreichend, Arbeiten zu dessen ökonomischen Potenzialen allerdings nur in geringer Anzahl vorhanden. Hauptsächlich fokussiert letztere Literatur auf Teilbereiche des SH und verdeutlicht Wertschöpfungsmöglichkeiten anhand von Fallbeispielen. Zusätzlich dazu existieren mehrere, zum Teil empirische Studien und Veröffentlichung von Dienstleistungsunternehmen, in denen wirtschaftliche Möglichkeiten im Smart Home demonstriert werden. Nicht zuletzt wurde die Anwendung der Literaturanalyse anderen Methoden auch angesichts des zeitlich begrenzten Rahmens zur Erstellung dieser Arbeit vorgezogen.

Tab. 1 Bei der Literaturrecherche verwendete Datenbanken und Suchbegriffe

Durchsuchte Datenbanken	Verwendete Suchbegriffe
Datenbank der lokalen Bibliothek, IEEE Xplore, ScienceDirect, Wiso, Springer Online, EBSCOhost, Ebrary, LexisNexis, ACM Digital Library, Spektrum der Wissenschaft	„Smart Home", „Smart House", „Intelligent Home", „Connected Home", „Connected House", „Smart Living" oder „Intelligentes Haus" in konjunktiver Verknüpfung mit den Begriffen „service", „potential", „opportunity", „business model", „value chain" bzw. „Dienstleistung", „Potenzial", „Geschäftsmodell" oder „Wertschöpfung"

Tab. 1 gibt einen Überblick über die durchsuchten Datenbanken und die benutzten Suchbegriffe zur Identifikation relevanter Veröffentlichungen. Ausgehend von den Suchergebnissen wurden ebenso darin referenzierte Quellen sowie von den Suchmaschinen als ähnlich vorgeschlagene Literatur berücksichtigt. Darüber hinaus fanden die mit „A" oder „B" bewerteten Journale des VHB-JOURQUAL2-Teilrankings „Wirtschaftsinformatik und Informationsmanagement" (VHB 2009) Berücksichtigung. Relevante Publikationen sollten in deutscher oder englischer Sprache und in den letzten zehn Jahren veröffentlicht worden sein, um Aktualität zu gewährleisten. Nach Lesen des „Abstracts" bzw. der Zusammenfassung der Suchergebnisse erfolgten weitere Einschränkungen. So wurden nur Publikationen berücksichtigt, deren Ergebnisse auf in der Realität existierenden und kommerziell genutzten SH-Lösungen beruhen und die eine nicht ausschließlich technische Sichtweise auf diese Lösungen haben. Letztendlich wurden insgesamt 57 relevante Veröffentlichungen analysiert.

Diese Arbeit gibt einen Überblick über Dienstleistungspotenziale im SH-Markt, welche. im Rahmen dieser Arbeit als Möglichkeiten zur Erbringung einer Dienstleistung verstanden werden. Dienstleistungen (engl. Services) werden von MALERI und FRIETZSCHE (2008, S. 5) als „[…] unter Einsatz externer Produktionsfaktoren für den fremden Bedarf produzierte immaterielle Wirtschaftsgüter […]" definiert und dadurch von Sachgütern abgegrenzt (Richter und Souren 2008, S. 16). MEYER (1991, S. 198) versteht unter Dienstleistungen „[…] angebotene Leistungsfähigkeiten, die direkt an externen Faktoren (Menschen oder deren Objekte) mit dem Ziel erbracht werden, an ihnen gewollte Wirkungen […] zu erreichen." Folglich sollen Möglichkeiten zur Wertschöpfung in Form von materiellen Produkten, und Möglichkeiten zur Umsatzgenerierung oder Kostenreduktion in dieser Arbeit nicht betrachtet werden.

Die Übersicht über die in der Literatur identifizierten Dienstleistungspotenziale soll anhand folgender Kategorien erfolgen, welche in Kapitel drei noch näher erläutert werden: Anwendungsfelder, Dienstleistungserstellung und Rollen eines Dienstleisters bei der Leistungserbringung. Diese Kategorien orientieren sich inhaltlich an drei der von WIRTZ (2010, S. 119-149) erkannten Bestandteile integrierter Geschäftsmodelle, nämlich den Marktangebots-, Leistungserstellungs- und Netzwerkmodellen. Sie entsprechen ihnen aber nur bedingt (vgl. Kapitel 3). Nach WIRTZ' Definition eines Geschäftsmodells (engl. Business Model) kann eine Dienstleistung einen Teil dessen bilden (Wirtz 2010, S. 81 f.). Deshalb ist die Verwendung oben genannter Elemente zur Kategorisierung von Dienstleistungspotenzialen plausibel.

Um ein besseres Verständnis des Begriffs „Smart Home" zu erhalten, erfolgen im anschließenden Kapitel eine Abgrenzung von verwandten Begriffen und die Entwicklung einer Arbeitsdefinition von SH. Dort werden auch technologische Bestandteile und prinzipielle Aufgaben von SH-Systemen erläutert, an die Dienstleistungen anknüpfen. Kapitel drei fokussiert die Darstellung von SH-Dienstleistungspotenzialen anhand der drei eben genannten Kategorien. Weiterhin werden in diesem Kapitel technische Schwierigkeiten sowie Herausforderungen aus Sicht von Anbietern und Konsumenten dargelegt, die für eine umfangreiche Nutzung von SH-Lösungen noch zu überwinden sind. Kapitel vier beendet diese Arbeit mit Zusammenfassung und kritischer Würdigung der Ergebnisse sowie einem Ausblick auf zukünftige Entwicklungen und Forschungsbedarf.

2 Smart Home

2.1 Begriffsabgrenzung und Definition

Zurzeit existiert noch kein einheitliches Verständnis des Begriffs „Smart Home" (Aldrich 2003, S. 33). „Smart Home", oder „intelligentes Haus", wird häufig für verschiedene Dinge verwendet. Viele Menschen würden z.B. ein Haus als intelligent bezeichnen, das ferngesteuert werden kann, um Geräte an- und abzuschalten, obwohl darin keine intelligente Automatisierung auftritt. Forscher würden die Bezeichnung „intelligent" in diesem Zusammenhang dagegen für Häuser verwenden, die auf Aktionen ihrer Bewohner selbstständig reagieren und sich ihnen in komplexer Weise anpassen. In der Industrie findet SH wiederum oft in Marketingaktivitäten Verwendung, um allgemein programmierbare Geräte zu beschreiben, die Aktionen automatisiert durchführen können (Mennicken et al. 2014, S. 105).

STRESE et al. (2010, S. 8) definieren Smart Home als „[...] privat genutztes Heim [...], in dem die zahlreichen Geräte der Hausautomation [...], Haushaltstechnik [...], Konsumelektronik und Kommunikationseinrichtungen zu intelligenten Gegenständen werden, die sich an den Bedürfnissen der Bewohner orientieren. Durch Vernetzung dieser Gegenstände untereinander können neue Assistenzfunktionen und Dienste zum Nutzen des Bewohners bereitgestellt werden und einen Mehrwert generieren, der über den einzelnen Nutzen der im Haus vorhandenen Anwendungen hinausgeht". Dabei beschränken die Autoren SH auf privat genutzte Heime, führen einige am SH beteiligte Komponenten auf und erwähnen Dienste, die einen Mehrwert für die Nutzer schaffen sollen. Sie detaillieren aber nicht, was sie unter der Intelligenz der Gegenstände verstehen und wie sich diese ergibt. Eine alternative Definition wird von ALDRICH (2003, S. 17) gegeben: „A Smart Home can be defined as a residence equipped with computing and information technology which anticipates and responds to the needs of the occupants, working to promote their comfort, convenience, security and entertainment through the management of technology within the home and connections to the world beyond". Er geht dabei auf Ziele des SH ein und beschreibt die Intelligenz in Form einer vorkalkulierenden und auf die Bedürfnisse der Nutzer reagierenden Informationstechnologie. Im Gegensatz zur reinen Hausautomatisierung charakterisiert er SH insbesondere durch Verbindungen außerhalb des Hauses. KING (2003, S. 2) betont in seiner Definition von SH zusätzlich die Aspekte der Fernüberwachung, Fernsteuerung und des Fernzugriffs auf das Heim oder darin befindliche Geräte als Funktionen eines Smart Homes.

Ubiquitous Computing (allgegenwärtige Datenverarbeitung) und Ambient Intelligence (umgebende Intelligenz) sind häufig mit Smart Home assoziierte Begriffe (Georgieff 2008, S. 29). In FABIAN und HANSEN (2006, S. 11) wird Ubiquitous Computing als Vision beschrieben, in der eine unsichtbare Vernetzung von Computern in „intelligenten Gegenständen" die Aufgaben des Computers als Gerät übernehmen und damit die Menschen unauffällig bei ihren Aufgaben unterstützen. Ubiquitous Computing kann also als Überbegriff für Smart Home angesehen werden. Hinter Ambient Intelligence verbirgt sich ein Netzwerk aus mehreren Objekten, das Daten aus der realen Umwelt aufnehmen, analysieren und darauf reagieren kann. Objekte können hierbei z.B. Sensoren oder Laptops sein (Bick et al. 2008, S. 4). Das Personen umgebende Netz nimmt den Zustand dieser Personen auf, ahnt deren individuelle Bedürfnisse voraus, reagiert auf sie und passt sich ihnen an (Ojasalo et al. 2010, S. 254). Intelligenz verbirgt sich daher in der individuellen Ableitung von Reaktionen aus vorher erfassten Zuständen. Hausautomatisierung, die häufig ähnlich definiert wird, soll angesichts der vorher genannten Definitionen von SH so verstanden werden, dass die Objekte bei der Hausautomatisierung zwar eigenständig Zustände erfassen sowie Reaktion ableiten und durchführen können, sich dabei aber nicht an individuelle Bedürfnisse und den jeweiligen Kontext anpassen (Aldrich 2003, S. 31).

Vor diesem Hintergrund wird Smart Home in dieser Arbeit als Anwendung von Ubiquitous Computing für privat genutzte Heime definiert, die durch den Einsatz von Ambient Intelligence, Fernsteuerung oder Hausautomatisierung in der Lage ist, einem Nutzer kontextabhängig automatisierte oder unterstützende Funktionen und Dienstleistungen bereitzustellen. Es wird weiterhin davon ausgegangen, dass ähnliche Begriffe, wie „Connected Home", „Intelligent Home" oder „Connected House" sich nicht wesentlich von SH unterscheiden, weshalb sie in dieser Arbeit als synonym angesehen werden.

2.2   Prinzipielle Aufgaben von Smart Home-Lösungen

Zur Bereitstellung dieser automatisierten und unterstützenden Funktionen und Dienstleistungen unterscheiden FLEISCH und DIERKES (2003, S. 616) drei Klassen von Basisaufgaben in Ubiquitous Computing-Lösungen: Datenerfassung, Datenauswertung und Aktorik. Diese Arbeit nähert sich den prinzipiellen Aufgaben einer SH-Lösung aus Sicht der technologischen Bestandteile. Jede der eben aufgeführten Aufgaben kann von verschiedenen technologischen Komponenten eines SH-Systems ausgeführt werden. Die Klasse „Datenerfassung" beinhaltet allerdings zwei Aufgaben, „Datenerfassung" und „Datenübertragung", die jeweils von unterschiedlichen Komponenten übernommen werden können. Es sollen deshalb in dieser Arbeit *vier* prinzipielle Aufgaben unterschieden werden, die Smart Home-Lösungen im Regelkreisprinzip ausführen können (Abb. 1). Im Folgenden werden diese Aufgaben mit den bei der Ausführung beteiligten technologischen Komponenten beschrieben.

Datenerfassung

Diese Aufgabe umfasst die Messung von Regelgrößen (Ist-Zuständen), das bedeutet, der vielfältigen Umweltparameter oder des Zustands von Personen, auf die das SH-System reagieren soll. Dazu werden Sensoren eingesetzt, die den Kontext und die Bedürfnisse des Benutzers erfassen. So können diese z.B. in physiologischen Geräten vorkommen, um den Gesundheitszustand einer Person aufzunehmen, oder in Multimedia-Geräten eingesetzt werden, um audiovisuelle Informationen zu registrieren (Alam et al. 2012, S. 1196).

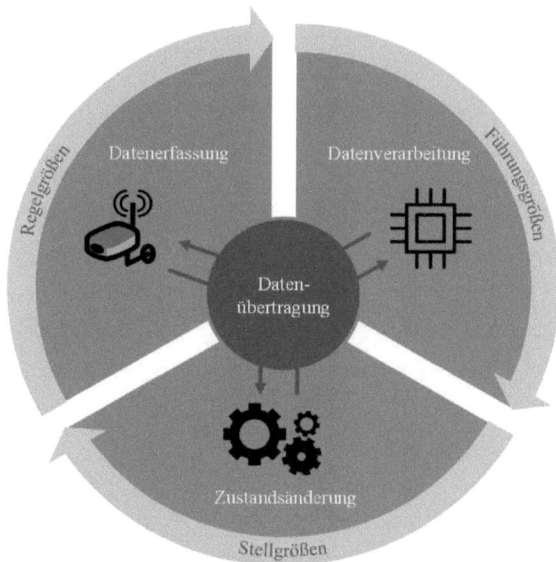

Abb. 1 Prinzipielle Aufgaben in einem Smart Home-System

Datenverarbeitung

In dieser Aufgabe findet die eigentliche Intelligenz eines SH-Systems ihren Ursprung. Die durch Geräte und Objekte erfassten Daten werden in einer intelligenten Kontrolleinheit fusioniert und verarbeitet. Allgemein gesagt, werden dann Regelgrößen mit Führungsgrößen (Soll-Zustände) verglichen, um Maßnahmen zur Erreichung der gewünschten Zustände zu definieren. Dazu kommen verschiedene Algorithmen zum Einsatz. Die darin angewendeten Logik- und Reasoning-Verfahren umfassen z.B. Methoden zur Nutzerabbildung, Aktivitätswahrnehmung und Aktivitätsprognose, zum Entscheiden sowie zum räumlichen und zeitlichen Schlussfolgern (Alam et al. 2012, S. 1198 f.; Ojasalo et al. 2010, S. 255). Ergebnis dieser Verfahren sind Entscheidungen darüber, welche Reaktionen ausgeführt, und welche anderen Funktionsumfänge und Dienstleistungen eingebunden werden können (Deloitte 2013, S. 6). Sie können in Form von Daten an die Aktoren im Haus, oder an Haus-externe Backend-Systeme zur Weiterverarbeitung und Einbindung in Geschäftsprozesse gesendet werden (Kuebel und Zarnekow 2014, S. 5). An der Steuerung kann der Benutzer z.B. durch Fernsteuerungsfunktionen auch selbst beteiligt werden. Dazu existieren Benutzerschnittstellen (z.B. Schalter, Bildschirm, Tastatur) in dedizierten, stationären oder mobilen Geräten, die Steuerung und Konfiguration von Komponenten im SH aus der Ferne ermöglichen.

Zustandsänderung

Aktoren bieten Mechanismen zur Ausführung von Aktionen und Zustandsänderungen (Stellgrößen), welche durch die Datenverarbeitung des Systems bestimmt werden. Wie Sensoren verbinden auch Aktoren die Logik von Ambient Intelligence mit der realen Welt (Ojasalo et al. 2010, S. 255). Aktionen und Zustandsänderungen wirken sich auf den Benutzer bzw. seine Umwelt aus und stehen in mittelbarem Zusammenhang mit seinen Bedürfnissen. Aktoren finden so z.B. in Haushaltsgeräten, wie Heizungen und Waschmaschinen, oder in Unterhaltungselektronik Verwendung (Fachinger et al. 2012a, S. 8).

Datenübertragung

In einem SH-System sind Geräte und Objekte im Haus untereinander und mit der zentralen Kontrolleinheit über ein Netzwerk verbunden. Dieses Netzwerk ist für den Datenaustausch zwischen den Komponenten zuständig. Zusätzlich kann es Verbindungen zu

Systemen außerhalb des Hauses besitzen, um z.B. Fernsteuerungsfunktionen zu unterstützen oder die Anbindung an externe Dienste zu garantieren. Es ist das Netzwerk, welches ein SH von einem lediglich mit selbstständiger technologischer Funktionalität ausgestattetem Haus unterscheidet (Balta-Ozkan et al. 2014, S. 66). Ein Smart Home-Netzwerk oder Home Area Network (HAN) besteht im Wesentlichen aus drei Elementen: der physischen Verbindung der Komponenten, einem Protokoll, das die Art und Weise des Datenaustauschs festlegt, sowie aus Geräten zur äußeren Vernetzung und Verteilung der Daten im Haus (Router, Hubs oder Gateways). Dabei kann die physische Verbindung drahtgebundener, drahtloser oder auch hybrider Gestalt sein. Mit jeder dieser Verbindungsarten sind Vor- und Nachteile bzgl. ihrer Datenkapazität, Übertragungsgeschwindigkeit, maximaler Entfernung, Kosten und Installationsanforderungen verbunden (Balta-Ozkan et al. 2013, S. 363). Der passende Verbindungstyp hängt damit also von den gewünschten Anwendungen und Diensten ab. Vom Typ der Verbindung ist wiederum die Wahl des Übertragungsprotokolls abhängig. Jedes Objekt und Gerät im SH unterstützt die Verwendung eines oder mehrerer solcher Protokolle, wobei Komponenten verschiedener Hersteller idealerweise über dasselbe Protokoll kommunizieren können (Roe 2007, S. 119). Verschiedene Standards, wie z.B. LON, ZigBee, KNX oder das Internet Protokoll (IP) haben sich über die Zeit aus einer Vielfalt von Protokollen im HAN herausgebildet (Roe 2007, S. 120; Strese et al. 2010, S. 15).

Alle diese Aufgaben könnten grundsätzlich von den Hausbewohnern selbst durchgeführt werden. Allerdings sind sie Teil zahlreicher Prozesse, die eine Vielzahl realer Dinge (Lebewesen, materielle Güter) einbeziehen, weshalb die Aufgaben komplex sind und häufig durchgeführt werden. FLEISCH und DIERKES (2003, S. 615) bezeichnen sie als Daueraufgaben, die ständig aktiv sind und deren Durchführung dementsprechend aufwändig ist. Sie eignen sich deshalb dafür, von technischen Lösungen übernommen zu werden, um sie kostengünstig, ständig und in besserer Qualität durchzuführen. In diesem Fall werden ganze Aufgaben vom Bewohner ausgelagert. Auslagerbare Aufgaben sind nach FLEISCH und DIERKES (2003, S. 619) „Kandidaten für Dienstleistungen", die vom SH-System, ggf. den Herstellern seiner Komponenten oder spezialisierten Dienstleistern erbracht werden können. Neben den technologischen Komponenten des Systems werden daher auch Dienstleistungen zu den Merkmalen von SH-Lösungen gezählt (Alam et al. 2012, S. 1199 f.; Fachinger et al. 2012a, S. 8).

8

3 Dienstleistungspotenziale und Herausforderungen im Smart Home

3.1 Dienstleistungspotenziale

Dienstleistungen bilden einen integralen Bestandteil von SH-Lösungen (Alam et al. 2012, S. 1199 f.; Fachinger et al. 2012a, S. 8). Dieses Kapitel gibt einen Überblick darüber, wo und wie es bereits möglich ist, Dienstleistungen mit SH-Systemen zu verbinden. Es ist an dieser Stelle anzumerken, dass es sich dabei um einen Überblick handelt, der insbesondere angesichts der schnellen Entwicklung und der Vielfalt vorstellbarer Dienstleistungen keinen Anspruch auf Vollständigkeit erheben kann. Zur Strukturierung wurden drei Kategorien gewählt:

- **Anwendungsfelder:** Diese Kategorie umfasst nicht exakt abgrenzbare Marktsegmente des SH, in denen Dienstleistungen angeboten werden können. Die Segmente unterscheiden sich primär durch den Verwendungszweck von angebotenen SH-Lösungen.

- **Dienstleistungserstellung:** Hier wird beschrieben, wie es prinzipiell möglich ist, durch SH-Dienstleistungen einen Mehrwert für Kunden zu erzeugen.

- **Rollen eines Dienstleisters bei der Leistungserbringung:** In dieser Kategorie werden verschiedene Rollen vorgestellt, die ein Dienstleister in einem Wertschöpfungsnetzwerk für SH-Lösungen einnehmen kann.

3.1.1 Anwendungsfelder von Smart Home-Lösungen

Der Verwendungszweck von SH-Systemen orientiert sich am zusätzlichen Nutzen, der durch solche Angebote für den Hausbewohner geschaffen werden soll. Dienstleitungen, die ein Bestandteil der Angebote sind, werden folglich auf die Erfüllung dieses Zwecks ausgerichtet. Sie lassen sich also gemäß dem Zweck der SH-Verwendung, im Folgenden als „Anwendungsfeld" bezeichnet, systematisieren. In der SH-Literatur sind viele Anwendungsfelder erwähnt. Sie werden allerdings häufig bspw. als „Anwendungsziele", „Arten" oder „Marktsegmente" bezeichnet, stellen oft zum Teil keine Zwecke, sondern Funktionen dar und unterscheiden sich zudem nicht immer deutlich voneinander. An der Häufigkeit der Nennung in verschiedenen Publikationen lassen sich jedoch vier primäre Anwendungsfelder von bereits existierenden SH-Lösungen erkennen: Komfort & Unterhaltung, Energiemanagement, Gesundheit und Sicherheit. Einige zusätzlich in der Literatur aufgeführte Kategorien können den vier Hauptanwendungsfeldern anhand ihrer Beschreibung zugeordnet werden. Tab. 2 gibt einen Überblick über die in der Literatur erwähnten Anwendungsfelder, die Häufigkeit ihrer Nennung und die mögliche Zuordnung zu den Hauptanwendungsfeldern. Letztere werden im Folgenden beschrieben.

Tab. 2 Smart Home-Anwendungsfelder in der Literatur

Anwendungsfeld	Häufigkeit	Zuordnung/ Kommentar
Komfort & Unterhaltung	15	Hauptanwendungsfeld
Energiemanagement	15	Hauptanwendungsfeld
Gesundheit	14	Hauptanwendungsfeld
Sicherheit	12	Hauptanwendungsfeld
Remote Home Management	2	Kein Verwendungszweck, sondern Funktion
Home Automation	5	Kein Verwendungszweck, sondern Funktion
Beleuchtung, Klima, Heizung	3	Komfort & Unterhaltung/ Energiemanagement
Convenience & Security	2	Komfort & Unterhaltung/ Sicherheit
Home Cloud	2	Kein Verwendungszweck, sondern Funktion
Assisted Living	2	Komfort & Unterhaltung/ Gesundheit/ Sicherheit
Kommunikation	2	Komfort & Unterhaltung

Anwendungsfelder mit jeweils einer Nennung (ohne Berücksichtigung bei der Zuordnung):
Data Repository, Freizeit, Computing, Lifestyle Support, Entertainment & Convenience

Komfort & Unterhaltung

Hier wird zwischen komplett automatisierten Häusern, die individuell projektiert und meist im Hochpreis-Segment angeboten werden, sowie separaten Konsumelektronik- und Hausautomatisierungsangeboten differenziert. Letztere sind am Markt bereits vergleichsweise etabliert (Deloitte 2013, S. 7). Beispiele dafür stellen integrierte Heizungs- und Beleuchtungssteuerungen, aber auch die einfache Automatisierung von Wasch- oder Kaffeemaschine dar. Bring- und Lieferdienste, aber auch Reinigungsdienste sind bspw. ebenfalls in Komfort-Lösungen integriert. Diesem Feld sollen zudem Unterhaltungsdienste zugeordnet werden, die es Bewohnern ermöglichen, den Zugang zu Unterhaltungsmedien lokal und über das Internet zu organisieren und verschiedene Typen von Mediendateien über mehrere Anzeigen zu verwalten, abzuspielen, zu sichern und auszutauschen. Beispiele hierfür sind Online- und On-demand-Audio- und Videodienste oder die Integration sozialer Netzwerke.

Energiemanagement

Sowohl die in den letzten Jahren stetig gestiegenen Energiepreise als auch das zunehmende öffentliche Bewusstsein zur CO_2-Reduktion tragen zum Wachstum dieses Anwendungsfeldes bei (Vasseur und Dunkels 2010, S. 356). Es umfasst Dienste für den intelligenten und sparsamen Energieverbrauch. „Smart Metering" (intelligente Verbrauchsmessung) von Gas, Wasser und Strom ist ein oft hiermit assoziierter Begriff. Letztlich können die Dienste eine intelligente Steuerung des Gesamtverbrauchs basierend auf voraussichtlicher Nutzung und Energieverbrauch von Haus und Geräten sowie unter Berücksichtigung von Energietarifen bieten.

Gesundheit

Durch die demografischen Veränderungen in Nordamerika, Europa und Teilen Asiens wird die Unterstützung besonders älterer Menschen in ihrem Heim durch Notfallhilfen oder Überwachungssysteme wichtiger (Vasseur und Dunkels 2010, S. 357). SH-Lösungen in diesem Bereich werden zur Selbst- und Fernüberwachung von Gesundheitszustand und Aktivitäten der Bewohner, für Erinnerungs- und Handlungsaufforderungsfunktionen (z.B. zum Einnehmen von Medikamenten) sowie zur häuslichen Pflege eingesetzt. Telemedizinische Dienste geben zudem Handlungsempfehlungen auf Basis gesammelter Daten und ermöglichen Eingriffe am Patienten aus der Ferne (Fedosseev und Panis 2011, S. 14 f.). Diesem Segment werden auch altersgerechte Assistenzsysteme für ein gesundes und unabhängiges Leben (Ambient Assisted Living) zugerechnet, die die Lebensqualität für Menschen in allen Lebensabschnitten erhöhen sollen.

Sicherheit

Wie der Bereich Komfort wächst dieses Segment vergleichsweise schwach (Deloitte 2013, S. 7). Anwendungen fokussieren die Sicherheit und Gefahrlosigkeit von Haus und Geräten sowie die Zugangskontrolle. Alarmanlagen, die im Bedarfsfall automatisch einen Wachdienst verständigen, tragen bspw. zur Sicherheit vor Einbrechern bei. Eine per Fernsteuerung aktivierte Beleuchtung ermöglicht z.B. einen sicheren Weg von der Garage zur Haustür oder beugt Einbrüchen durch ein bewohnt wirkendes Haus während der Abwesenheit der Bewohner vor. Fallsensoren, aber auch Rauch-, Wasser- und Gasdetektoren können vor jeweiligen Notfällen warnen und automatisch einen Notruf absenden. Zugangskontrollen durch Personenidentifikation, Fernsteuerung und elektronische Schlösser sind ebenfalls sicherheitsrelevante Anwendungen.

Diese Kategorien sind nicht eindeutig voneinander abzugrenzen und überlappen sich (Abb. 2). Meist werden Leistungen nicht nur aus einer, sondern aus mehreren Kategorien nachgefragt. Letztlich unterstützen sich Anwendungen aus den verschiedenen Kategorien untereinander und eine Kombination verbessert häufig die Funktionalität des Gesamtsystems (Roe 2007, S. 126).

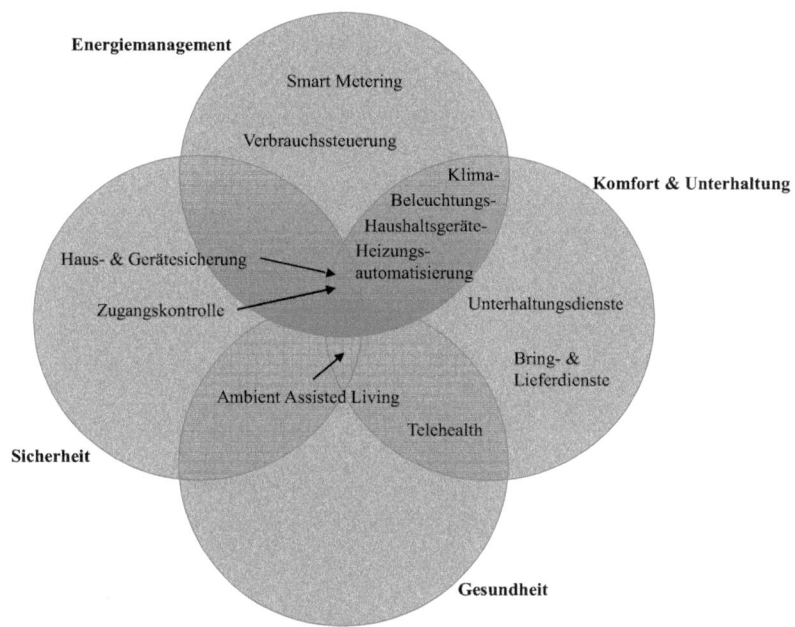

Abb. 2 Smart Home-Anwendungsfelder mit ausgewählten Teilbereichen
(in Anlehnung an BALTA-OZKAN et al. (2013, S. 362))

3.1.2   Dienstleistungserstellung im Smart Home

Aus Kapitel 2.2 sind die vier prinzipiellen Wertschöpfungsaufgaben in einem SH-System, Datenerfassung, Datenübertragung, Datenverarbeitung und Zustandsänderung, bekannt. Das SH-System kann je nach Ausprägung der Aufgaben und technischen Möglichkeiten entweder die Erfüllung aller Aufgaben vollständig übernehmen (vollautomatische Leistungserbringung) oder nur einzelne Aufgaben und eventuell deren Koordination (halbautomatische Leistungserbringung) ausführen (Fleisch und Dierkes 2003, S. 615). In diesen Fällen entsteht Mehrwert für den Bewohner, dem die Auslagerung der vier prinzipiellen Aufgaben zugrunde liegt.

MEYER (1991, S. 198) erwähnt in seiner eingangs zitierten Definition einer Dienstleistung drei zur Leistungserstellung wichtige Elemente: angebotene Leistungsfähigkeiten (interne Faktoren), externe Faktoren und gewollte Wirkungen, die durch die Kombination der beiden ersten Elemente erreicht werden sollen. Bei der vollautomatischen Leistungserbringung wird Wissen über die lokale Umgebung genutzt, um dezentral mittels vom Hersteller vorgegebener oder vom Bewohner ausgewählter Routinen über Reaktionen zu entschieden. Fähigkeiten und Ressourcen (Hardware, Software, etc.) zur Erfassung und Auswertung von Daten, deren Übertragung zum richtigen Empfänger sowie die aktive Zustandsänderung stellen dabei interne Faktoren dar. Eine Integration von externen Faktoren findet durch Datenerfassung und Änderung des Zustands am Hausbewohner oder seinen Gegenständen und Objekten statt. Gewollte Wirkungen sind die letztlich automatisch durchgeführten Zustandsänderungen.

Die Übertragung der Daten erfolgt auch bei der halbautomatischen Leistungserbringung aus Effizienzgründen häufig durch das Kommunikationsnetzwerk (Fleisch und Dierkes 2003, S. 616). Bezüglich der Erbringung der übrigen Aufgaben ergeben sich verschiedene Kombinationsmöglichkeiten, die zusammen mit den Elementen aus MEYERS Dienstleistungsdefinition in Tab. 3 dargestellt sind („Technik" steht hierbei für die technologischen Komponenten des SH-Systems). Diese Übersicht umfasst nicht alle möglichen, sondern lediglich die anhand der Literatur als realitätstypisch identifizierten Dienstleistungsmöglichkeiten im SH.

Tab. 3 Möglichkeiten zur halbautomatischen Dienstleistungserstellung

Nr.	Daten-erfassung	Daten-analyse	Zustands-änderung	Interne Faktoren	Externe Faktoren	Wirkungen
1	Technik	Bewohner	Bewohner	Datenerfassung	Bewohner, Haus, Objekte	Selbstüberwachung
2	Technik	Technik	Dienstleister	Datenerfassung, Analyse, Aktionen	Bewohner, Haus, Objekte	Zustandsänderungen
3	Technik	Dienstleister	Dienstleister	Datenerfassung, Analyse, Aktionen	Bewohner, Haus, Objekte	Zustandsänderungen
4	Technik	Dienstleister	Technik	Datenerfassung, Analyse, Aktionen	Bewohner, Haus, Objekte	Zustandsänderungen durch Fernsteuerung
5	Technik	Bewohner	Technik	Datenerfassung, Aktionen	Haus, Objekte	Selbstüberwachung + Fernsteuerung

Bei der Selbstüberwachung (Nr. 1) werden Fähigkeiten und Ressourcen zur Erfassung (Sensoren) und zur Visualisierung der Daten (Benutzerschnittstellen) angeboten. Zum Teil werden Daten durch die intelligente Kontrolleinheit vor der Visualisierung zu aussagekräftigeren Informationen verdichtet. Ziel ist letztendlich die Überwachung des Zustandes von Bewohnern, des Hauses und der Objekte durch den Benutzer selbst. Entscheidungen und Zustandsänderungen obliegen dem Benutzer. Falls gewünscht, kann der Hausbewohner jedoch einen spezialisierten Dienstleister mit der zuletzt genannten Aufgabe durch die intelligente Kontrolleinheit automatisch auswählen und beauftragen lassen (Nr. 2). Im Falle der Fernüberwachung (Remote Monitoring; Nr. 3) werden die technischen Ressourcen und Fähigkeiten eines Dienstleisters als interne Faktoren genutzt, um Daten von Bewohnern, Haus und Objekten (externe Faktoren) zu erfassen und evtl. zu bedeutungsvollen Informationen zu verdichten. Der Dienstleister analysiert diese erhobenen Daten „aus der Ferne", leitet Reaktionen ab und führt entsprechende Aktionen anschließend selbst aus (gewollte Wirkung). Ein Beispiel für Remote Monitoring ist die medizinische Überwachung von Patienten aus der Ferne und das Verständigen eines Pflege- oder Notdienstes, falls die erfassten Daten eine solche Entscheidung rechtfertigen. Als Erweiterung kann die Fernsteuerung (Remote Control; Nr. 4) angesehen werden. Hier trifft ein Dienstleister Entscheidungen auf Basis der durch Technik erhobenen Daten und steuert die Durchführung von Aktionen (interne Faktoren) an externen Faktoren durch technische Komponenten im Haus aus der Ferne. Auf diesem Wege können z.b. Konfigurations- und Wartungsarbeiten an den Geräten der Bewohner (Wirkungen) durch Dienstleister vorgenommen werden (Bosch 2014, S. 17).

Tab. 4 Ausgewählte Quellen mit Beispielen für Dienstleistungen

Nr.	Quellen
1	ALAM et al. (2012, S. 1200), BECHER et al. (2010a, S. 14-66)
2	ALAM et al. (2012, S. 1200), BECHER et al. (2010b, S. 73 ff.), FACHINGER et al. (2012b, S. 18-20)
3	ALAM et al. (2012, S. 1200), BECHER et al. (2010b, S. 75), CHAN et al. (2008, S. 59 ff.)
4	CHAN et al. (2008, S. 59 ff.), FACHINGER et al. (2012b, S. 18-20), IBM (2010, S. 4)
5	ALAM et al. (2012, S. 1200), FACHINGER et al. (2012b, S. 18-20)

Im Gegensatz dazu ist es der Hausbewohner selbst, der bei der Fernüberwachung und Fernsteuerung (Nr. 5) Entscheidungen aus durch Technik erfassten Daten ableitet, und die Steuerung der Aktionen durch technische Komponenten durchführt. Datenerfassung und Durchführung von Aktionen sind dabei interne Faktoren, die auf Haus und Objekte des Bewohners (externe Faktoren) angewendet werden. Gewollte Wirkungen sind erneut Zustandsänderungen infolge der durchgeführten Aktionen. In Tab. 4 werden Beispiele zu den dargestellten Möglichkeiten referenziert.

3.1.3 Rollen eines Dienstleisters bei der Leistungserbringung

An smarte Dinge geknüpfte Dienstleistungen reduzieren die Komplexität von Aktivitäten der Hausbewohner und können den Kundeninteraktionsprozess von Herstellern vereinfachen. Außerdem können sie für Produzenten zu laufenden Einnahmen, erhöhter Kundenbindung und zur Identifikation weiterer Geschäftsmöglichkeiten führen (Fleisch und Dierkes 2003, S. 619). In BOSCH (2014, S. 21) wird ein Überblick über Geschäftsmodelle im Internet der Dinge (Internet of Things; IoT) gegeben, ohne diese Modelle zu detaillieren. Gemäß CISCOS (oJ) Definition des IoT umfasst dieses den Bereich Smart Home, weshalb die folgenden Geschäftsmodelle aus BOSCH auch für Smart Home-Lösungen gelten:

- **Hinzufügen von Dienstleistungen zu Produkten:** Auch nach dem Verkauf von Haushaltsgeräten oder sonstigen Objekten können Kunden Zusatzleistungen geboten werden. FLEISCH et al. (2014, S. 819) bezeichnen diese Angebote als „hybride Lösungen", die aus einer Produkt-Service-Kombination mit neuem Wertversprechen bestehen. Einfache Beispiele sind Dienstleistungen, wie Fernzugriff und -überwachung. Einen Überblick über weitere Geschäftsmodelle mit „Digitally Charged Products" geben FLEISCH et al. (2014, S. 820 ff.).

- **Integration des Kunden in Produktions- und Geschäftsprozesse:** Aktuelle Geräte- oder Kundendaten können in Geschäftsabläufe integriert werden, um Produktqualität und -gestaltung zu verbessern. Kunden können über Benutzerschnittstellen aber auch selbst an Produktgestaltung und -verwaltung mitwirken.

- **Aufbrechen der Wertschöpfungskette durch Vernetzung von Objekten:** „Bessere" Wertschöpfungsmöglichkeiten entstehen durch das Aufbrechen der bisherigen Wertschöpfungskette und die Integration von Partnern, Benutzern und Dingen in eine Plattform. Darüber ist es den Partnern dann möglich, sich zu spezialisieren und gemeinsam ein breiteres Dienstleistungsangebot zu schaffen.

Obwohl das wissenschaftliche Fundament bei dieser Aufstellung unbekannt ist, sind die Leistungsangebote und die damit verbundene Rollen von Dienstleistern auch im Smart Home denkbar. Während die ersten beiden Modelle eher Hersteller von smarten Dingen als Dienstleister sehen, werden im letzten Modell auch andere Parteien als Dienstleister erwähnt. Das Aufbrechen von Wertschöpfungsketten, die Integration von Partnern zur gemeinsamen Leistungserstellung und die Herausbildung von Smart Home-Plattformen werden auch von anderen Autoren genauer untersucht. BOßOW-THIES et al. (2011, S. 11) zeigen, dass SH-Plattformen zukünftig notwendig und gewünscht sind. NIKAYIN und DE REUVER (2012, S. 2) sehen sie mittlerweile sogar als typisch für die Erbringung von SH-Dienstleistungen an.

Eine Plattform kann als Vermittlung gesehen werden, die durch Koordination zwischen beteiligten Parteien Innovationen in Branchen-Ökosystemen oder Nutzertransaktionen in zweiseitigen Märkten erleichtert (Kuebel und Zarnekow 2014, S. 4). NIKAYIN und DE REUVER (2012, S. 2) beschreiben Plattformen als Bausteine (Produkte, Technik, Dienst-leistungen), die ein Fundament bilden, auf dem mehrere Unternehmen sich ergänzende Produkte, Technik und Dienstleistungen entwickeln, um Mehrwert für Kunden zu bie-ten. Zur Analyse von Plattformen als Dienstleistungssysteme eignet sich das Konzept des Wertschöpfungsnetzwerks (Ehrenhard et al. 2014, S. 3; Pynnönen und Immonen 2012, S.242). LUSCH et al. (2010, S. 20) beschreiben ein solches Netzwerk als Struktur stark gekoppelter, Mehrwert-bietender, sozialer und ökonomischer Akteure, die mittels Institutionen und Technologie interagieren, um gemeinsam Mehrwert oder Dienstleis-tungen zu schaffen oder diese auszutauschen. Wertschöpfungsnetzwerke umfassen meh-rere Akteure mit bestimmten Rollen und Aktivitäten (Ehrenhard et al. 2014, S. 3). Die in der Literatur aufgeführten Rollen in SH-Plattformen und SH-Wertschöpfungsnetzwerken sind in Tab. 5 überblicksartig dargestellt.

Tab. 5 Rollen in Smart Home-Plattformen und -wertschöpfungsnetzwerken

	Quellen zu SH-Plattformen		Quellen zu SH-Wertschöpfungsnetzwerken	
	BOßOW-THIES et al. (2011, S. 10)	**DELOITTE (2013, S. 9)**	**PYNNÖNEN und IMMONEN (2012)**	**EHRENHARD et al. (2014, S. 7)**
Rollen	Integrator	Integrator	Home System Operator	(Platform) System Integrator
	Plattformanbieter	Plattform-betreiber	IT Service Provider	Smart Homes Service (Plat-form) Provider
	Smart-Home-Service-Anbieter	Service-Provider	Service Providers	Software Provider
	Endgeräteanbieter	Gerätehersteller	Database ServicePro-vider	Hardware Provider
	Softwareanbieter	Planer	Network Company	Network Provider
		Installer	3rd Party Services	Customer
				End User

Die Publikationen zu Rollen in SH-Plattformen, deren Erkenntnisse eher empirisch und ohne bekanntes wissenschaftliches Fundament sind, stimmen in der Rollenverteilung hauptsächlich überein. Die Rollenverteilungen in SH-Wertschöpfungsnetzwerken weisen dagegen wesentliche Unterschiede auf. BOßOW-THIES et al. und DELOITTE berücksichtigen im Vergleich zu den anderen Publikationen keinen Netzwerkbetreiber. PYNNÖNEN und IMMONEN betrachten lediglich die SH-Anwendungsfelder „Gesundheit" und „Energiemanagement", und erwähnen keinen Integrator. Sie führen hingegen einen Datenbank-Servicebetreiber und „Dritte" als Dienstleister auf. Die einzig von EHRENHARD et al. berücksichtigten Endnutzer und Kunden sind im Kontext dieser Arbeit bei der Rollenbetrachtung irrelevant. Letztere Autoren unterscheiden zwei Kategorien von Rollen bzw. Aktivitäten: „Primary" und „Secondary". Rollen der ersten Kategorie werden als essentiell zur Erbringung von SH-Dienstleistungen angesehen. Die zweite Kategorie umfasst hingegen spezifische Aktivitäten, die das Nutzenversprechen des „Smart Homes Service Provider" bereichern und verbessern können. Die Sinnhaftigkeit dieser Rollen hängt jedoch vom konkreten Anwendungsfall ab. Mit den in beide Kategorien fallenden Aktivitäten beanspruchen die Autoren die Gültigkeit ihrer Aufstellung für jegliche Anwendungsfelder des Smart Home. Allerdings ordnen sie den Rollen hier keine Beschreibungen zu.

Obwohl andere Begriffe verwendet werden und die Aufstellung in EHRENHARD et al. feingranularer ist als die übrigen, lassen sich zwischen den Rollen der einzelnen Systematiken inhaltliche Ähnlichkeiten erkennen. Die Ähnlichkeiten sind in Tab. 5 durch die jeweiligen farblichen Markierungen gekennzeichnet. Unter Verwendung der Systematik von BOßOW-THIES et al. sollen die Rollen im Folgenden kurz beschrieben werden.

Integrator

Laut GASSMANN et al. (2013, S. 7) koordiniert ein Integrator den Großteil der Schritte im Wertschöpfungsprozess. Diese Rolle ist zuständig für die Kontrolle aller Ressourcen und Fähigkeiten, die zur Wertschöpfung nötig sind. Ein Dienstleister in dieser Rolle kooperiert mit verschiedenen Anbietern und stellt eine zentrale Kontaktstelle für Kunden dar (Boßow-Thies et al. 2011, S. 10). Er hat die für Plattformen typische Vermittlungsfunktion inne. BOßOW-THIES et al. (2011, S. 10) behaupten, dass die Rolle des Integrators im Smart Home-Ökosystem nicht zwingend notwendig, aber vorteilhaft ist. Ein Orchestrator als verwandter Begriff (Gersch und Hewig 2012, S. 12 f.) fokussiert auf die Kernkompetenzen in der Wertschöpfungskette und koordiniert die übrigen ausgelagerten Wertkettensegmente aktiv (Gassmann et al. 2013, S. 9).

Plattformanbieter

Mit dieser Rolle ist das Angebot einer Hardwareplattform (z.b. Set-Top-Box, Smart Meter, Home Server) verbunden, die die Funktionen und Dienste der unterschiedlichen Anbieter integriert (Boßow-Thies et al. 2011, S. 10; Deloitte 2013, S. 9). Mit dieser Rolle sind auch Funktionen eines Infrastrukturbetreibers verknüpft, der Anbieter technisch unterstützt und vernetzt sowie Schnittstellen zwischen arbeitsteiligen Vorgängen anbietet (Gersch und Hewig 2012, S. 15).

Smart Home-Service-Anbieter

Diese Rolle übernehmen Anbieter von Lösungen und Dienstleistungen aus den Anwendungsfeldern von Smart Home (Boßow-Thies et al. 2011, S. 10). Hierunter können Erbringer spezialisierter Dienstleistungen, aber auch industrielle Dienstleister fallen, die anderen Akteuren ihre Leistungserstellung ermöglichen (Gersch und Hewig 2012, S. 14 f.). Beispiele dafür sind Akkreditierungs- oder auch Beratungsunternehmen.

Endgeräteanbieter

Hierunter fällt die Herstellung bzw. das Angebot von intelligenten Gegenständen, die entweder einzelne funktionale Komponenten oder ganze Geräte sein können (Boßow-Thies et al. 2011, S. 10; Deloitte 2013, S. 9).

Softwareanbieter

Die Software für die zentrale Plattform (z.B. ein App-Store) wird von dieser Rolle angeboten (Boßow-Thies et al. 2011, S. 10, Ehrenhard et al. 2014, S. 7). Andere Autoren erwähnen diese Rolle nicht explizit. Es ist vorstellbar, dass sie die Aktivitäten der Rolle des Plattformanbieters zuordnen.

Diese Systematik umfasst die wesentlichen Rollen bzw. Aktivitäten, die Dienstleister in den in Kapitel 3.1.2 beschriebenen Wertschöpfungsprozessen von SH-Lösungen übernehmen können. Einige stellen keine direkten Dienstleistungen für den Endnutzer dar, sondern bieten eher einen Mehrwert für andere Dienstleister im Wertschöpfungsprozess. Beispiele dafür sind der Integrator oder der Softwareanbieter. Es ist zu berücksichtigen, dass eben beschriebene Aktivitäten in weitere Teilaktivitäten zerlegbar sind und sich damit weitere Betätigungsmöglichkeiten für Dienstleister ergeben könnten. Ebenso existiert neben diesen Basisaktivitäten eine Vielzahl von Sekundärtätigkeiten (Ehrenhard et al. 2014, S. 7). Auch diese Rollen repräsentieren wiederum generische Aktivitäten und sind weiter teilbar. Letztendlich sind daneben noch zusätzliche vom Anwendungsfeld und Anwendungsfall abhängige Rollen vorstellbar. So identifizieren FLEISCH et al. (2014, S. 822) z.b. „Sensor as a Service" als neues Geschäftsmuster im IoT. Hierbei handelt es sich um Dienstleister, die Sensordaten sammeln und anderen Dienstleistern gegen Entgelt zur Verfügung stellen.

Durch die Kombination der Dienstleistungsmöglichkeiten aus den letzten Teilkapiteln entsteht nun ein umfassenderes Bild der Dienstleistungspotenziale im Smart Home.

3.2 Aktuelle Herausforderungen

Eingangs wurde bereits erwähnt, dass sich der Smart Home-Markt trotz eines starken Wachstums in den letzten Jahren noch nicht zu einem Volumenmarkt entwickeln konnte, d.h., dass es bislang am Angebot für bzw. an der Nachfrage von einer breiten Masse an Kunden aus unterschiedlichen Segmenten fehlt (Chan et al. 2008, S. 75). Nachstehend sollen deshalb wesentliche, in der Literatur gegenwärtig diskutierte technische und marktbezogene Umstände beschrieben werden, die dieser Entwicklung noch entgegenstehen. Tab. 6 fasst die wichtigsten Herausforderungen zusammen.

Technisch bedingte Herausforderungen

Besonders bei sicherheits- oder gesundheitsrelevanten Anwendungen ist die exakte Datenerfassung von SH-Systemen wichtig. Hier besteht allerdings noch Verbesserungsbedarf. Ein Grund dafür ist, dass Sensoren bei der Messung von Umwelteinflüssen, wie Rauschen oder Interferenz, beeinträchtigt werden (Alam et al. 2012, S. 1197). Die Informationsverarbeitung wird dadurch mit falschen Eingangssignalen fehlgeleitet. Bilder und Sprache verarbeitende Geräte benötigen zudem längere Zeit, bis sie die Eingaben der Hausbewohner korrekt erkennen, was nicht nur zu fehlerhaften Eingaben, sondern auch zu Frustration beim Benutzer führen kann (Alam et al. 2012, S. 1197). Bei häufigen Änderungen des Kontexts oder zu vielen Bewohnern im Haus stoßen gegenwärtige SH-Systeme ebenfalls an die Grenzen ihr Datenerfassungskapazität (Alam et al. 2012, S. 1197).

Neben der korrekten Erkennung menschlichen Verhaltens benötigen SH-Systeme effektive Algorithmen, um Probleme vorausschauend zu lösen. ALAM et al. (2012, S. 1201) bezeichnen die intelligente Steuerung in dieser Hinsicht immer noch als unreif und als „[…] most challenging part of smart home research". Die Systeme besitzen oft eine unzureichenden Verarbeitungskapazität für die immer größer werdende Menge an Eingangsinformationen verschiedener Objekte, die in kurzer Zeit verarbeitet werden sollen (Alam et al. 2012, S. 1199). Die fehlende Genauigkeit kann Unzufriedenheit und sogar Irritation bei Benutzern hervorrufen, die folglich von der Nutzung absehen würden.

Tab. 6 Bedeutendste aktuelle Herausforderungen im Smart Home-Markt

Technisch bedingte Herausforderungen	Marktbezogene Herausforderungen
Teilweise zu ungenaue und zu langsame Datenerfassung durch Sensoren	Mangelnde Benutzerfreundlichkeit der SH-Lösungen
Ungenügende Kapazität und zu lange Berechnungszeiten der Datenverarbeitung gegenwärtiger Systeme	Lock-In-Effekte durch wenig Interoperabilität der Angebote
Fehlende verbindliche Standards zum Datenaustausch	Intransparente und zu hohe Gesamtkosten von SH-Lösungen
Unzureichende System- und Datensicherungsvorkehrungen	Unzureichende Integration von komplementären Leistungen in SH-Lösungen
	Fehlende Anpassung rechtlicher Regelungen
	Mangelndes Kundenverständnis der Anbieter
	Wenig passende Vertriebskanäle der Anbieter

Gerätehersteller statten ihre Produkte mit Kommunikationsmöglichkeiten aus, die Datenübertragungsprotokolle nutzen (vgl. Kapitel 2.2). SH-Anwendungen seien aber häufig in dieser Hinsicht nicht an Kundenwünschen, sondern an Herstellerbedürfnissen ausgerichtet, weshalb es keinen verbindlichen Standard gibt, den alle Hersteller in ihren Produkten unterstützen (Wolfangel 2014). Das führt dazu, dass verschiedene heterogene Komponenten untereinander nicht kompatibel sind, keine Daten austauschen können und ihr Kundennutzen somit beschränkt ist (Alam et al. 2012, S. 1201). Kunden sind durch solche proprietäre Systeme und Insellösungen zudem herstellergebunden und es entstehen Lock-In-Effekte. Anbieterwechsel sind daher teuer und der Betrieb mehrerer nebeneinander existierender Einzellösungen ist ebenso mit hohen Kosten verbunden (Strese et al. 2010, S. 2; Ehrenhard et al. 2014, S: 6).

Das Privatleben der Hausbewohner muss geschützt sein, aber das Heim wird durchlässig und öffentlich, wenn Informationen zum Nutzerverhalten über das Internet zu

Dienstleistern übertragen werden. Kommunikationsverbindungen sollten daher sicher sein, sodass sich einerseits kein unbefugter Dritter bewusst oder unbewusst Zugang zu den ausgetauschten Daten verschaffen kann und die Daten selbst auch fehlerlos übertragen werden. Es sollte weiterhin unmöglich sein, sich unbefugt Zugriff auf die technologischen Komponenten im Smart Home zu beschaffen. Schwachstellen gegenwärtiger Verschlüsselungsmechanismen der SH-Technologie werden allerdings immer wieder offensichtlich (Wolfangel 2014).

Marktbezogene Herausforderungen

Mit dem technischen Fortschritt muss die rechtliche Ordnung angepasst werden. Auch auf der Seite der Dienstleister muss die Vertraulichkeit von Nutzerdaten sichergestellt sein und die Weitergabe auch in nicht elektronischer Form unterbunden werden. Regelungen fehlen bspw. auch bezüglich der Haftung und Gewährleistung im Falle von Fehlhandlungen der Systeme (BITKOM und Deloitte 2014, S. 15). Diese Probleme werden noch verschärft, wenn sich Kunden und Dienstleister in verschiedenen Rechtsräumen bewegen. Während einige EU-Staaten z.B. Telemedizin in ihren Gesetzen berücksichtigen, existiert dafür in Kanada noch keine rechtliche Grundlage (Chan et al. 2008, S. 72).

Haushalte sind nicht identisch: Sie unterscheiden sich z.B. in den Bewohnern, deren Anzahl, Verhalten und Bedürfnissen, aber auch in der Zusammenstellung von Gegenständen und Geräten. Diese Umstände bereiten Schwierigkeiten, einfache Lösungen zu entwickeln, die sich unabhängig vom spezifischen Nutzungskontext intelligent verhalten. Die Befriedigung des Benutzers ist folglich eine schwere Aufgabe, die häufig schon daran scheitert, eindeutige Bedürfnisse zu identifizieren und den Nutzer in den Gestaltungsprozess der SH-Lösung zu integrieren (Chan et al. 2008, S. 69). Oft empfinden Benutzer, dass computergestützte Geräte das Leben komplexer machen, anstatt es zu vereinfachen und sich in die Umgebung und die Gewohnheiten der Bewohner einzufügen (Blumendorf 2013, S. 154). Besonders Überwachungsgeräte sind im Alltag offensichtlich und werden von Bewohnern als störend wahrgenommen (Alam et al. 2012, S. 1196). Statt einer klaren Kommunikation des Mehrwerts, den SH-Lösungen für Kunden haben können, verweisen Anbieter jedoch häufig lediglich auf technische Details (Deloitte 2014, S. 17). Die Installation von SH-Systemen durch Dienstleister ist dazu immer noch zu teuer und eine Einrichtung durch den Benutzer zu kompliziert (O'Malley und

Munoz 2014, S: 9). Verbraucher werden zudem durch bisher wenig erforschte Nebenwirkungen der SH-Technologieauf Gesundheit, Gesellschaft und Umwelt , insbesondere durch die umfassende Vernetzung der Komponenten, vom Erwerb einer SH-Lösung abgehalten (Blumendorf 2013, S. 154).

Die unklaren Gesamtkosten von SH-Lösungen entmutigen Kunden ebenso vom Kauf (Deloitte 2013, S. 13). Die mit der Anschaffung von intelligenten Gegenständen, Geräten und der Vernetzungstechnik verbundenen Kosten, machen umfassende SH-Lösungen nur für reichere Gesellschaftsschichten erschwinglich (Balta-Ozkan et al. 2014, S. 68). Sogar mit der Ausstattung gegenwärtiger Gebäudebestände sind hohe Kosten verbunden (Balta-Ozkan et al. 2014, S. 67). Eine flexible Preisgestaltung ist deshalb notwendig. Mit steigender Anzahl an rechnergestützten Gegenständen nehmen auch der Energiekonsum und die damit verbundenen Kosten zu. GRIEDER und SENN (2008, S. 41) zeigen bspw., dass einige gegenwärtige SH-Lösungen sogar mehr Strom verbrauchen, als sie einsparen.

Als größte Herausforderungen für Dienstleister identifizieren BOßOW-THIES et al. (2011, S. 8) neben fehlendem Kundenverständnis auch ungeeignete Vertriebswege und fehlendes effektives Partnermanagement. Das äußert sich z.B. auch in vielen mit einander inkompatiblen SH-Angeboten verschiedener Hersteller und Dienstleister. Einige dieser Angebote sind in Umfang und Funktionalität zu stark beschränkt und lassen nützliche Zusatzleistungen vermissen (Alam et al. 2012, S. 1200). Gegenwärtig seien zudem nur wenige unzureichende Foren und Plattformen existent, wo sich Angebot und Nachfrage treffen können (Boßow-Thies et al. 2011,S. 3). Die Wertschöpfungspotenziale sind zurzeit auf viele Unternehmen verteilt. Jene mit einem hohen technischen Verständnis operieren meist nur in Nischenmärkten, wohingegen andere mit großer Kundenbasis spezielle SH-Angebote vermissen lassen (Deloitte 2013, S: 17). Häufig ergeben sich bei der Ausrichtung der Unternehmenstätigkeit auf Smart Home schon Probleme bei der Anpassung der Geschäftsprozesse im Unternehmen (Boßow-Thies et al. 2011,S. 7). Es fehle an Systemintegratoren, welche die Kompetenzen unterschiedlicher Marktteilnehmer zu einer umfassenden Lösung verbinden und eine Kontaktstelle für Kunden bieten (Boßow-Thies et al. 2011,S. 2, Deloitte 2013, S: 17). Dazu besteht weiterhin Intransparenz über Wertschöpfungsanteile und Qualifikation stark spezialisierter Anbieter (Strese et al. 2010, S. 40).

4 Fazit

Die vorliegende Arbeit verfolgt das Ziel, in der Praxis auftretende Möglichkeiten zur Dienstleistungserbringung im Smart Home darzustellen. Sie zielt darüber hinaus auf die Beschreibung aktueller Herausforderungen ab, die für die Entwicklung von Smart Home zu einem Volumenmarkt noch zu überwinden sind. Sie legt nach einer Abgrenzung und Definition des Begriffs die wesentlichen technologischen Bestandteile eines Smart Homes dar, die vier elementare Aufgaben übernehmen. Diese Aufgaben bilden das Fundament für SH-Dienstleistungspotenziale, die anschließend anhand von drei Kategorien verdeutlicht werden: Anwendungsfelder, Leistungserstellung sowie Rollen und Aktivitäten eines Dienstleisters bei der Leistungserstellung. Aus einer technischen und einer marktbezogenen Perspektive folgt daraufhin ein Überblick über gegenwärtige Schwierigkeiten zur Erstellung von SH-Lösungen für den Massenmarkt.

Smart Home umfasst nach dem Begriffsverständnis in dieser Arbeit neben Ambient Intelligence die Bereiche Hausautomatisierung sowie Fernsteuerung und -überwachung. Damit ist der Begriff sehr weit gefasst, was letztendlich einerseits zu Systematisierungsproblemen und andererseits zu Schwierigkeiten bei der übersichtlichen Präsentation der Ergebnisse führt.

Besonders die Erkenntnisse zu Dienstleistungspotenzialen und Herausforderungen stellen nur einen Ausschnitt des potenziell Verfügbaren dar und können keinen Anspruch auf Vollständigkeit erheben. Die berücksichtigte Literatur stammt teilweise von Beratungen und anderen Dienstleistern, lässt keine Aussage über das wissenschaftliche Fundament zu und besitzt daher eine zweifelhafte Validität. Die Quellen betrachten ökonomische Möglichkeiten im SH darüber hinaus teilweise aus einem anderen Blickwinkel, was die Gültigkeitsprüfung der Erkenntnisse erschwert. In Zukunft sollten die vorliegenden Ergebnisse also durch die Analyse zusätzlicher Publikationen und besonders durch empirische Forschung erweitert werden. Dabei sollte die Analyse nicht nur Smart Home, sondern auch verwandte Themenfelder einschließen und dortige Erkenntnisse auf Übertragbarkeit auf intelligente Heime prüfen.

Die Vielfalt denkbarer und täglich neu realisierter Produkt-Service-Angebote erschwert eine Systematisierung von Dienstleistungspotenzialen im SH ebenso (Fleisch et al. 2014, S. 820). Untersuchungen dieser Thematik sollten deshalb Teilaspekte fokussieren, statt einen generischen Überblick zu geben. Die in dieser Arbeit identifizierten Anwendungsfelder von SH-Lösungen überlappen sich gegenseitig und sind weiter unterteilbar, weshalb andere Gruppierungen möglich sind. Sie gehen zudem aus dem Verwendungszweck von SH-Systemen hervor und berücksichtigen keine Wettbewerbssituation oder Kundensegmente. Interessant ist z.B. auch eine Unterscheidung von Nischen- und Volumenmarkt mit den damit verbundenen wirtschaftlichen Chancen und Grenzen für Anbieter. Einige weitere Aspekte bleiben in dieser Arbeit unberücksichtigt. Für den Erfolg eines Geschäftsmodells wichtige Betrachtungsgegenstände, wie Finanzierungs- und Erlösmodelle oder Umsatz- und Kosteneinsparungspotenziale (Wirtz 2010, S. 119), werden nicht untersucht. Es werden außerdem nur die bisher größten Anwendungsfelder und lediglich die prinzipiellen Rollen im Leistungserstellungsprozess beschrieben. Leistungen sind aber auch in anderen Bereichen denkbar, und je nach Situation können auch weitere Rollen für die Leistungserbringung weitaus relevanter sein. Forschungsbedarf besteht folglich einerseits in Methoden zur besseren Systematisierung von Dienstleistungspotenzialen und andererseits in der umfassenden Darstellung dieser Potenziale. In dieser Arbeit werden weiterhin nur Potenziale für *Dienstleistungen* im SH untersucht. Die Ermittlung von Potenzialen *materieller* Leistungen erscheint deshalb ebenfalls interessant für die zukünftige Forschung.

Es werden außerdem nicht alle, sondern nur die zurzeit größten Herausforderungen kurz beschrieben. Um ein umfassendes Verständnis von Hindernissen der Entwicklung von SH zu einem Massenmarkt zu erhalten, reicht dieser Überblick nicht aus. Kleinere Herausforderungen könnten z.B. situationsbedingt von größerer Bedeutung sein und sollten in zukünftiger Forschung ebenfalls untersucht werden. Gesellschaftliche und ethische Barrieren bleiben in dieser Arbeit komplett unerwähnt. Wichtig ist es außerdem, die den Herausforderungen zugrundeliegenden Probleme zu identifizieren und ausführlich zu beschreiben, damit Lösungsansätze gefunden werden können.

Zur Weiterentwicklung von SH-Angeboten reicht es nicht aus, den aktuellen Status zu analysieren. Es ist zusätzliche Forschung notwendig, um die vorhandenen Visionen zu realisieren. Forschungsbedarf besteht deshalb insbesondere bei der Überwindung der aktuellen Herausforderungen. Damit ein Heim sich einerseits wirklich intelligent verhält sowie zum anderen von Bewohnern akzeptiert und in geeigneter Weise angeboten werden kann, sollte hierauf der Fokus zukünftiger Forschung liegen.

Literaturverzeichnis

Alam M R, Reaz M B I, Ali M A M (2012) A Review of Smart Homes—Past, Present, and Future. In: IEEE Transactions on Systems, Man and Cybernetics Systems Part C 42 (6), S. 1190–1203. doi: 10.1109/TSMCC.2012.2189204

Aldrich F K (2003) Smart Homes: past, present, and future. In: Harper R (Hrsg.): Inside the Smart Home. Springer, London, S. 17-39

Balta-Ozkan N, Boteler B, Amerighi O (2014) European smart home market development: Public views on technical and economic aspects across the United Kingdom, Germany and Italy. Energy Research & Social Science 3: S. 65–77. doi: 10.1016/j.erss.2014.07.007

Balta-Ozkan N, Davidson R, Bicket M, Whitmarsh L (2013) The development of smart homes market in the UK. Energy 60: S. 361–372.
doi: 10.1016/j.energy.2013.08.004

Becher K, Kiefer S, Kruse J (2010a) Stand der Technik und Marktüberblick an persönlichen Gesundheitssystemen. In: Kicherer F, Kiefer S, Zähringer D (Hrsg.): Marktüberblick persönliche Gesundheitssysteme zur Gesundheitsprävention. Überblick zu persönlichen Gesundheitssystemen für Angebote zur Gesundheitsförderung und Prävention im deutschsprachigen Markt. Fraunhofer Gesellschaft, S. 14-72

Becher K, Kiefer S, Kruse J (2010b) Kommerzielle persönliche Gesundheitsdienste. . In: Kicherer F, Kiefer S, Zähringer D (Hrsg.): Marktüberblick persönliche Gesundheitssysteme zur Gesundheitsprävention. Überblick zu persönlichen Gesundheitssystemen für Angebote zur Gesundheitsförderung und Prävention im deutschsprachigen Markt. Fraunhofer Gesellschaft, S. 73-78

Bhas N (2012) Smart Home ~ Connected Life.
http://i.co.uk/wp-content/uploads/2012/06/Junipersmarthomejun12whitepaper.pdf.
Abruf am 2014-11-02

Bick M, Kummer T F, Rössig W (2008) Ambient Intelligence in Medical Enviroments and Devices. Qualitative Studie zu Nutzenpotentialen ambienter Technologien in Krankenhäusern. ESCP-EAP Working Paper Nr. 36, 2008. ESCP-EAP Europäische Wirtschaftshochschule, Berlin

BITKOM, Deloitte (2014): Vor dem Boom – Marktaussichten für Smart Home. http://www.bitkom.org/files/documents/141023_Marktaussichten_ SmartHome.pdf. Abruf am 2014-11-02

Blumendorf M (2013) Building Sustainable Smart Homes. In: ICT4S 2013: Proceedings of the First International Conference on Information and Communication Technologies for Sustainability, ETH Zurich, S. 151–158

Bosch (2014) Capitalizing on the Internet of Things – how to succeed in a connected world. http://www.mcrockcapital.com/uploads/1/0/9/6/10961847/bosch_iot_whitepaper. pdf. Abruf am 2014-12-01

Boßow-Thies S, Moussa H, Peetz S, Sauthoff M, Wagner G, Zimmermann P (2011) Smart Home – Zukunftschancen verschiedener Industrien. http://www.de.capgemini.com/resource-file-access/resource/pdf/smart_home_- _zukunftschancen_verschiedener_industrien_0.pdf. Abruf am 2014-11-04

Chan M, Estève D, Escriba C, Campo E (2008) A review of smart homes- present state and future challenges. In: Computer methods and programs in biomedicine 91 (1), S. 55–81. doi: 10.1016/j.cmpb.2008.02.001

Cisco (oJ) What Is the Internet of Things? http://www.cisco.com/web/solutions/trends/iot/overview.html. Abruf am 2014-12-01

Deloitte (2013) Licht ins Dunkel: Erfolgsfaktoren für Smart Home. http://www.deloitte.com/assets/Dcom- Germany/Local%20Assets/Documents/12_TMT/2013/TMT- Studie_Smart%20Home_safe.pdf. Abruf am 2014-11-02

Ehrenhard M, Kijl B, Nieuwenhuis K (2014) Market adoption barriers of multi- stakeholder technology: Smart homes for the aging population. Technological Forecasting & Social Change 2014. doi: 10.1016/j.techfore.2014.08.002

Fabian B, Hansen M (2006): Technische Grundlagen. In: Bitzer J, Dingel K, Fabian B, Günter O, Hansen M, Klafft M, Möller J, Spiekermann S (Hrsg.) TAUCIS. Technikfolgenabschätzung Ubiquitäres Computing und Informelle Selbstbestimmung; Studie im Auftrag des Bundesministerium für Bildung und Forschung. Unabhängiges Landeszentrum für Datenschutz Schleswig-Holstein (ULD), Institut für Wirtschaftsinformatik der Humboldt-Universität zu Berlin (HU), Kiel, Berlin

Fachinger U, Koch H, Henke K D, Troppens S, Braeseke G, Merda M (2012a) Ökonomische Potenziale altersgerechter Assistenzsysteme. Ergebnisse der „Studie zu Ökonomischen Potenzialen und neuartigen Geschäftsmodellen im Bereich Altersgerechte Assistenzsysteme". Universität Vechta, Institut für Gerontologie, Fachgebiet Ökonomie und Demographischer Wandel

Fachinger U, Schöpke B, Schweigert H (2012b) Systematischer Überblick über bestehende Geschäftsmodelle im Bereich assistierender Technologien. Discussion Paper, Universität Vechta, Institut für Gerontologie, Fachgebiet Ökonomie und Demographischer Wandel

Fedosseev A, Panis G (2011) Broadband Forum Value Proposition for Connected Home. http://www.broadband-forum.org/marketing/download/mktgdocs/MR-239.pdf. Abruf am 2014-11-02

Fettke, P (2006) State-of-the-Art des State-of-the-Art. Eine Untersuchung der Forschungsmethode „Review" innerhalb der Wirtschaftsinformatik. WIRTSCHAFTSINFORMATIK 48(4): S. 257 – 266

Fleisch E, Dierkes M (2003) Ubiquitous Computing aus betriebswirtschaftlicher Sicht. WIRTSCHAFTSINFORMATIK 45(6): S. 611–620

Fleisch E, Weinberger M, Wortmann F (2014) Geschäftsmodelle im Internet der Dinge. HMD Praxis der Wirtschaftsinformatik 51(6): S. 812-826. doi: 10.1365/s40702-014-0083-3

Gassmann O, Frankenberger K, Csik M (2013) The St. Gallen Business Model Navigator. Working Paper, University of St. Gallen. http://www.im.ethz.ch/education/HS13/MIS13/Business_Model_Navigator.pdf. Abruf am 2014-12-03

Georgieff P (2008) Ambient Assisted Living - Marktpotenziale IT-unterstützter Pflege für ein selbstbestimmtes Altern. FAZIT Schriftenreihe, Band 17, MFG Stiftung Baden-Württemberg, Zentrum für Europäische Wirtschaftsforschung GmbH, Fraunhofer-Institut für System- und Innovationsforschung

Gersch M, Hewing M (2012) AAL-Geschäftsmodelle im Gesundheitswesen – Eine empirisch gestützte Typologie relevanter Grundtypen ökonomischer Aktivitäten zur Nutzung von Ambient Assisted Living in sich verändernden Wertschöpfungsketten. In: Gersch M, Liesenfeld J (Hrsg.): AAL- und E-Health- Gechäftsmodelle: Technologie und Dienstleistungen im demografischen Wandel und in sich verändernden Wertschöpfungsarchitekturen. Gabler, Wiesbaden, S. 12-16

Grieder T, Senn R (2008) Neuste Entwicklungen im Bereich intelligentes Wohnen und des damit verbundenen Stromverbrauchs. Schlussbericht, Bundesamt für Energie der Schweizerischen Eidgenossenschaft.
http://www.bfe.admin.ch/php/modules/enet/streamfile.php?file=000000009869.pdf.
Abruf am 2014-12-01

Heinze R (2013) Vernetztes Wohnung und soziale Innovationen für ein selbstbestimmtes Leben im Alter. In: Heinze R, Herrmann T, Prilla M (Hrsg.) Entwicklung integrierter AAL-Dienstleistungen im Wohnquartier. Ein Leitfaden zur Planung und Umsetzung technisch unterstützter Dienstleistungsagenturen. 1. Aufl. Ruhr-Universität, Bochum, S. 8-10

Hendricks D (2014) The History of Smart Homes.
http://www.m2mevolution.com/topics/m2mevolution/articles/376816-history-smart-homes.htm.
Abruf am 2014-11-20

IBM (2010) The IBM vision of a smarter home enabled by cloud technology.
http://www.ibm.com/smarterplanet/global/files/uk__uk_en__cloud__a_smarter_home_enabled_by_cloud_computing.pdf?met=uk_smarterplanet_cloud_computing_ideas.
Abruf am 2014-12-01

King N (2003) Smart Home – A Definition. Housing LIN Intro Factsheet. Intertek Research & Testing Center.

http://www.housinglin.org.uk/_library/Resources/Housing/Housing_advice/Smart
Home-_A_definition_September_2003.pdf.
Abruf am 2014-11-24

Kuebel H, Zarnekow R (2014) The role of telecommunications operators on smart home
service platforms. 25th European Regional Conference of the International Telecommunications Society (ITS): S. 1-12.
http://econstor.eu/bitstream/10419/101424/1/795234821.pdf.
Abruf am 2014-11-04

Lusch R F, Vargo S L, Tanniru M (2010) Service, value networks and learning. Journal
of the Academy of Marketing Science 38: S. 19–31

Maleri R, Frietzsche U (2008) Grundlagen der Dienstleistungsproduktion. 5. Aufl.
Springer, Berlin

Mennicken S, Vermeulen J, Huang E M (2014) From today's augmented houses to to-
morrow's smart homes. In: Brush A J, Friday A, Kientz J, Scott J, Song J (Hrsg.):
The 2014 ACM International Joint Conference. Seattle, S. 105–115

Meyer A (1991) Dienstleistungs-Marketing. Die Betriebswirtschaft 51(2): S. 195-209

Nikayin F, de Reuver M (2012) Governance of smart living service platforms: state-of-
the-art and the need for collective action. Third International Engineering Systems
Symposium CESUN 2012, Delft University of Technology.
http://cesun2012.tudelft.nl/images/1/12/Nikayin.pdf.
Abruf am 2014-11-30

Ojasalo J, Suomalainen N, Seppala H, Moonen R (2010) Better technologies and services for smart homes of disabled people: Empirical findings from an explorative
study among intellectually disabled. 2010 2nd International Conference on Software Technology and Engineering (ICSTE 2010): S. 251–259

O'Malley L, Munoz C (2014): The Connected Home: Smart automation enables home
energy management.
http://www.homeconnectcanada.com/assets/mars-connectedworld-
connectedhome.pdf.
Abruf am 2014-11-04

oV (2013) Research and Markets: European Smart Homes Market by Products, Services & Country 2013 – 2020
http://www.reuters.com/article/2013/12/18/research-and-markets-idUSnBw186262a+100+BSW20131218.
Abruf am 2014-11-20

Pynnönen M, Immonen M (2012) Smart Homes as Service Platforms for New Healthcare and Energy Services. In: Volosencu C (Hrsg.) New Technologies - Trends, Innovations and Research. InTech. S. 241-258
http://www.intechopen.com/books/new-technologies-trends- innovations-and-research/smart-homes-as-service-platforms-for-new-healthcare-and-energy-services.
Abruf am 2014-11-02

Richter M, Souren R (2008) Zur Problematik einer betriebswirtschaftlichen Definition des Dienstleistungsbegriffs: Ein produktions- und wissenschaftstheoretischer Erklärungsansatz. In: Dintner R, Gelbrich K, Müller D, Souren R (Hrsg.) Ilmenauer Schriften zur Betriebswirtschaftslehre. proWIWI, Ilmenau, S. 1-36

Roe P R W (2007): Towards an inclusive future. Impact and wider potential of information and communication technologies. COST, Brüssel

Sietmann R (2014) Artenvielfalt. Der Kampf um die Spitzenposition auf dem Smart-Home-Markt. c't 2014 (22): S. 136–141

Solaimani S, Keijzer-Broers W, Bouwman H (2013) What we do – and don't – know about the Smart Home: an analysis of the Smart Home literature. Indoor and Built Environment 0(0): 1–14. doi: 10.1177/1420326X13516350

Strese H, Seidel U, Knape T, Botthof A (2010) Smart Home in Deutschland. Untersuchung im Rahmen der wissenschaftlichen Begleitung zum Programm Next Generation Media (NGM) des Bundesministeriums für Wirtschaft und Technologie, Institut für Innovation und Technik (iit) in der VDI/VDE-IT

Taga K, Levy D, Saadoun O (2012): Seizing The Smart Home Opportunity. Telecom Asia 23 (9): 22–23

Vasseur J, Dunkels A (2010) Interconnecting Smart Objects with IP: The Next Internet. Morgan Kaufmann, Amsterdam

VHB (2009) Teilranking Wirtschaftsinformatik und Informationsmanagement.
http://vhbonline.org/service/jourqual/jq2/teilranking-wirtschaftsinformatik-und-
informationsmanagement/.
Abruf am 2014-11-24

Wirtz B W (2010) Business Model Management. Design – Instrumente – Erfolgsfaktoren von Geschäftsmodellen. Gabler, Wiesbaden

Wolfangel E (2014) Wenn das Haus für uns denkt.
http://www.spektrum.de/news/wenn-das-haus-fuer-uns-denkt/1256592.
Abruf am 2014-11-12